ひなまつり豆知識 … P.4
子どもたちにどう伝える？ … P.6

おひなさま製作
置きかざり／つりかざり

5〜4歳児 … P.8
4〜3歳児 … P.12
3〜2歳児 … P.16
2〜1歳児 … P.20

飾ろう！

ひなまつりの壁面 … P.22
室内飾り …… P.25
- つるしかざり
- 置きかざり
- なりきりパネル

楽しもう！

おりがみ … P.28
- おだいりさま おひなさま
- ひしもち

うた ………… P.30
- うれしいひなまつり

シアター … P.32
- すてきな着物でひなまつり

ゲーム ……… P.36
- 5〜4歳児
- 4〜3歳児
- 3〜2歳児
- 2〜1歳児

コピー用型紙集 … P.40

ひなまつり豆知識

男びなと女びな、どっちが左側?

男びなと女びなの並びは、地域によって違いがあります。
男びなは、
・**関東**……………………向かって**左側**
・**関西**（主に京都）……向かって**右側**
と並んでいることが多く見られます。これは、時代や地域によって、「格」についてのルールが異なっていたことの名残です。どちらが正しいということはありません。

男びながおだいりさま 女びながおひなさま?

女びなを「おひなさま」と呼ぶのは、「うれしいひなまつり」を作詞したサトウハチローの勘違いが定着したためと言われています。正しくは、**男びな・女びな一対で「だいりびな」**です。

ひし餅やひなあられには、どんな意味があるの?

ひし餅の**赤色（ピンク）はくちなし、緑色はよもぎ**で色づけされています。これは、どちらにも**邪気を払う力**があるとされているからです。ひし形は**心臓**を表しているとも言われ、**女の子の健康を願う気持ち**が込められています。
ひなあられは、ひし餅を外で食べやすいように砕いたものと言われます。**赤色（ピンク）は命や血、白色は雪や大地、緑色は植物の芽吹き**を意味します。これを食べて自然界のエネルギーをもらい、**元気に成長してほしいと願った**ものです。

桃の花を飾るのは、なぜ?

「ひなまつり」の起源の1つとされている「上巳(じょうし)の節句」が行われていた中国では、**桃の花には邪気を祓(はら)う力**があるとされてきました。また、上巳の節句のころは**桃の花が咲く時期**であったこともあり、「ひなまつり」に桃の花が飾られるようになったと言われています。

＊ひなあられには、地方によって黄色を加えた4色の場合もあります。

段飾りは何を表している?

ひな人形は、**平安貴族の饗宴**、または**婚礼の様子**を表していると言われています。だいりびなは新郎新婦、世話係の三人官女、音楽係の五人ばやし、護衛の従者、そして武家の嫁入り道具のミニチュアが飾られます。

「左近の桜」が右にあるって、どうして?

ひな壇の左右は、**だいりびなから見た左右**になります。よって、正面から見ると「左近の桜」は向かって右、「右近の橘」は向かって左に飾ります。

ひなまつりの由来

女の子の健やかな成長と幸せを願う行事で、「桃の節句」とも言います。もともとは、中国で行われていた、川で身を清め厄を祓う「上巳(じょうし)の節句」と、日本の「人形(ひとがた)」に厄を移して流す風習、また平安貴族の女子の間で遊ばれていたままごとに似た「ひいな遊び」が結びついたものと言われています。3月3日に、ひな人形や桃の花を飾ってお祝いします。

＊由来や意味には諸説があります。

ひなまつり 子どもたちにどう伝える?

文京学院大学特任教授　鶯谷さくら幼稚園副園長／松村和子

教育要領・指針などが改訂されました。
行事の意味も、保育者から子どもたちに知識を与えるという従来の方法ではなく、子どもたちとの対話によって伝えていきましょう。「主体的・対話的で深い学び」を大切にすることを忘れずに。

まずは

こんなふうに伝えよう! 3〜4歳児

子どもたちの声を拾って話題を向けましょう。

ひなまつりって、昔は、病気や悪いことが起こらないようにって、おはらいした日なんだって。紙で人の形を作ったものに病気や悪いことを移して、川に流したんだって。それと女の子の人形遊びがいっしょになって、今のようなひな人形が飾られるようになったのよ。

桃の節句とも言いますね。ちょうど桃の花が咲く頃だし。桃には強い力があって、みんなを守ってくれるんだって。

お寿司やひなあられを食べたりもするよね。女の子も男の子も子どもたちが元気に大きくなってねという願いが込められているのね。

[園のどこかに飾られている ひな人形などを見てみよう]

そして

[子どもたちの声を 拾いながら話題を向けよう]

こんなふうに伝えよう！ 4～5歳児

子どもたちの知識を確認しながら、話題を広げましょう。

ひなまつりのことを「桃の節句」とも言うでしょう？　節句って、季節の変わり目っていうことなの。もうすぐ春になるよね。今は、冬から春への変わり目の桃の節句ということなの。春から夏になるとき、5月にもなにかお祭りがあったよね？　そう、こどもの日。「端午の節句」って言ったね。

お父さん、お母さんの「子どもたちが元気に大きくなりますように」という願いを思いながら、女の子も男の子もいっしょにお祝いしましょうね。

節句って、季節の変わり目で疲れやすいから、病気をしないで元気に育ってという意味があるのよ。桃の花も強い力があって、みんなを守ってくれるんだって。

ひなあられには、ピンク、白、緑の色が使われているでしょう。ピンクは桃、命、白は雪、大地、緑は草、芽吹きを表しているの。春だなーって感じがしますね。

作ろう！おひなさま製作

〈置きかざり〉 5〜4歳児

振り袖おひなさま

案・製作／あかまあきこ

型紙 P.40

【材料】紙コップ、千代紙、両面折り紙、色画用紙、画用紙

ふんわり折った両面折り紙

千代紙ならではの着物の柄

2枚重ねて華やかさア〜ップ！

2枚重ねて華やかに！

- 画用紙に顔を描いて貼る
- 紙コップ
- ちぎった千代紙
- 輪っかにした両面折り紙を2枚貼る
- 色画用紙

キレイなテープがチラ見え

ちらり、はじき絵びな

案・製作／うえはらかずよ

【材料】紙コップ、色画用紙、金色の折り紙、軽量紙粘土、マスキングテープ

ポイント　着物の模様とマスキングテープ選びに、個性が光る

スタンプが着物の模様に

らせん着物のおひなさま

案・製作／尾田芳子

【材料】色画用紙、折り紙、千代紙、カラー工作用紙、片段ボール、紙筒など

輪っかの つるしびな

型紙 P.41

案・製作／うえはらかずよ

【材料】色画用紙、カラー工作用紙、折り紙、千代紙、綿ロープ、段ボール板、ビニールテープ

裾の部分を切って開くと貼りやすい

- 段ボール板にビニールテープを貼る
- 綿ロープ
- 輪を組み合わせて
- 折り紙に水性ペンで顔を描く
- 色画用紙
- 千代紙
- 色画用紙に切り込みを入れ、筒にして貼り留める
- 輪にしたカラー工作用紙に穴を開け、綿ロープを通す
- 綿ロープ
- 輪にした折り紙を組み合わせ、綿ロープに通して両面テープで留める

11

〈置きかざり〉 4〜3歳児

いろどりあざやか♥

- 金色の折り紙
- 千代紙
- ちぎった折り紙
- 柄入り折り紙

折り紙ペタペタ おひなさま

案・製作／うえはらかずよ

【材料】紙筒、色画用紙、折り紙、千代紙、柄入り折り紙、金色の折り紙、紙テープ、紙皿

切り込みを入れた千代紙が着物の袖に！

カラフルな毛糸が映える

紙皿 ゆらゆらおひな

案・製作／尾田芳子

【材料】小さめの紙皿、色画用紙、画用紙、千代紙、毛糸、空き箱（台座用）

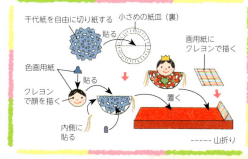

はぎれが着物に変身！

はぎれの おしゃれびな

案・製作／山下味希恵

【材料】乳酸菌飲料の空き容器、はぎれ、色画用紙、フェルト、段ボール板

4〜3歳児 〈つりかざり〉

閉じ開きするとおもしろい

……リボン

でんぐりシート

パカッと開いておひなさま

案・製作／アトリエ自遊楽校 渡辺リカ

【材料】画用紙、色画用紙、でんぐりシート、丸シール、リボン

閉めばとってもコンパクト

マーブル着物のひらひらおひなさま

案・製作／あかまあきこ

【材料】色画用紙、障子紙、画用紙、ストロー、マーブリング用の絵の具、毛糸

型紙 P.41

マーブリングでおしゃれ模様

ポイント
花形が和を演出。色を変えてみても。

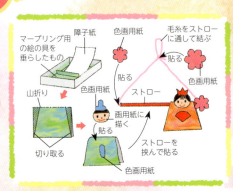

14

切り込みが美しい模様に

千代紙

カラー工作用紙

千代紙通しびな

案・製作／尾田芳子

【材料】色画用紙、千代紙、カラー工作用紙、リボン

型紙 P.41

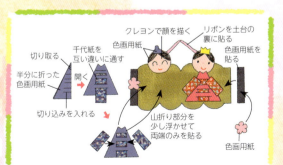

半分に折った色画用紙
切り取る
切り込みを入れる
千代紙を互い違いに通す
開く
クレヨンで顔を描く
リボンを土台の裏に貼る
色画用紙
色画用紙を貼る
山折り部分を少し浮かせて両端のみを貼る
色画用紙

山折りすると通しやすい

15

〈置きかざり〉 3〜2歳児

重ねてころころ おひなさま

案・製作／イシグロフミカ

【材料】色画用紙、紙筒、折り紙、金色の折り紙、千代紙

輪っかの重なりがかわいい！

色画用紙
紙筒
折り紙

商品の重なりがかわいい

筒にして貼り留める
クレヨンで顔を描く
※顔を描くスペースにはガイドラインとして薄く線を引いておく。
貼る
半分に切った紙筒
ちぎった千代紙や折り紙
貼る
金色の折り紙
自由に切り紙した千代紙
置く
※紙筒の中に油粘土を入れると、より安定する。

16

野菜スタンプおひな

案・製作／くるみれな

【材料】色画用紙、れんこん、カラー工作用紙、千代紙

型紙 P.41

野菜模様が大人っぽい!?

ひしもちバッグの置き飾りびな

案・製作／アトリエ自遊楽校　渡辺リカ

【材料】傘袋、ティッシュペーパー、千代紙、キラキラした折り紙、丸シール、牛乳パック、ビニールテープ、不織布、厚紙、色画用紙

丸いフォルムがかわいすぎる

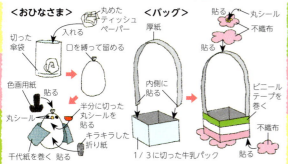

〈つりかざり〉

紙コップとお花紙の ふんわりびな

案・製作/イシグロフミカ

【材料】紙コップ、お花紙、色画用紙、画用紙、毛糸、千代紙、段ボール板、金色の折り紙、キラキラした折り紙

あらかじめ紙コップに タコ糸をつけておくといいよ

毛糸とお花紙で あたたかく

- 千代紙
- 紙コップ
- お花紙
- 毛糸

- クレヨンで顔を描く
- 色画用紙を貼る
- 金色の折り紙 貼る
- 段ボール板にキラキラした折り紙を貼る
- 裏に貼る
- 貼る
- お花紙を半分に折って左前になるように巻いて貼る
- 底の中心に穴を開けて毛糸を通し、中で一度結ぶ
- 色画用紙と画用紙を3枚重ねて貼る
- 貼る

毛糸と千代紙の重ね貼りおひなさま

型紙 P.42

案・製作／あかまあきこ

【材料】カラー工作用紙、毛糸、千代紙、色画用紙、お花紙、リボン

ポイント 毛糸は、千代紙の色に合わせて。

お花紙がひなあられに！

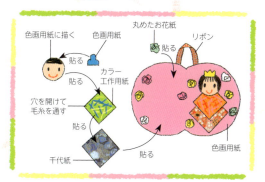

切り紙の着物がおしゃれ

千代紙の切り紙ふんわりおひな

案・製作／やのちひろ

【材料】両面折り紙、千代紙、キラキラした折り紙、色画用紙、糸、カラー工作用紙

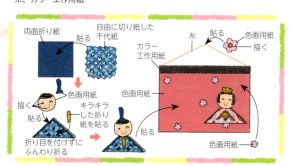

19

〈置きかざり〉 2〜1歳児

牛乳パックの底部分（高さ3cmほど）
色画用紙
千代紙
丸めたお花紙
色画用紙
キラキラした折り紙
丸シール
色画用紙

お花紙でカラフルに
牛乳パックのキューブ形おひな

案・製作／宮地明子

【材料】牛乳パック、お花紙、千代紙、キラキラした折り紙、色画用紙、丸シール

台紙に貼れば、壁飾りにも

起き上がりこぼしみたい！

たんぽのゆらゆらびな

型紙 P.42

案・製作／メイプル

【材料】色画用紙、厚紙、紙コップ、キラキラした折り紙、千代紙、ビー玉、フェルト、たんぽ

◆ポイント
淡い色を使うと、台座のフェルトのふわふわ感にマッチ。

キラキラした折り紙
色画用紙に貼る
色画用紙に描く
ビー玉入れる
紙コップ
セロハンテープで留める
色画用紙にたんぽを押す
厚紙
貼る
千代紙
フェルト
置く
色画用紙
貼る
色画用紙

20

2〜1歳児 〈つりかざり〉

手形&ぐるぐる描きのつりおひな

案・製作／イシグロフミカ

【材料】色画用紙、金色の折り紙、千代紙、段ボール板、たこ糸

手形スタンプがお花みたい！

ポイント
千代紙を貼った段ボール板は、手形とおひなさまをつなぐ重要な部分。

毛糸スタンプのまん丸おひなさま

案・製作／もりあみこ

【材料】色画用紙、画用紙、毛糸、段ボール板、キラキラした折り紙、厚紙、和紙、綿ロープ、発泡スチロール板

型紙 P.42

ポイント 赤い綿ロープで華やかに。

まん丸がキュート

飾ろう！ ひなまつりの壁面

豪華な着物で気分も上がる

千代紙を使って華やかに

キラキラ ひなまつり

案／YUU
製作／ささきさとこ

【材料】色画用紙、画用紙、千代紙、キラキラした折り紙

型紙 P.42〜43

みんなそろって さあ お祝いだ！

キラキラに作ろう！

カラー工作用紙やキラキラした折り紙で、びょうぶや飾りを作ると、華やかに仕上がるよ！

みんなでひなまつり 型紙 P.43

案・製作／もりあみこ

【材料】色画用紙、画用紙、キラキラした折り紙、カラー工作用紙

明るい歌声が聞こえてきそう

るんるん♪ うたうおひなさま

型紙 P.44

案／坂本直子　製作／おおしだいちこ

【材料】色画用紙、画用紙、カラー工作用紙、キラキラした折り紙、お花紙、ティッシュペーパー

ぼんぼりも作ろう！

お花紙でティッシュペーパーを包むと、立体感のある、柔らかなぼんぼりに！

楽しもう！おりがみ

ペアで作ろう
おだいりさま おひなさま

折り紙案・折り図／西田良子
飾り方案・製作／つかさみほ

折り方の約束と記号

谷に折る　山に折る　折り筋

図を拡大する　裏返す

おひなさま　スタート

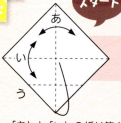

1 「あ」と「い」の折り筋を付け、「う」を折る

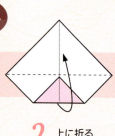

2 上に折る

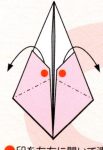

5 ●印を左右に開いて潰す

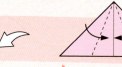

4 中心に向かって折る

6 手前に折る

にっこり並んで

おだいりさま

6まで同様に折る

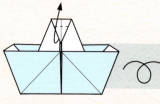
7 上に折る

飾り方のアイデア

金と銀の折り紙を貼って華やかに

台座には千代紙を使って、和の雰囲気をプラス

ひしもち

折り紙案／西田良子
製作／つかさみほ
折り図／みつき

本物そっくり

スタート

1 中心に向かって折る

2 中心に向かって折る

3 角を折る

4

5 色を変えて3枚折る

6 貼り合わせる できあがり

7 図のように折る

8 顔や扇を描く　できあがり

8 図のように折る

9 顔やしゃくを描く　できあがり

29

歌おう！ ひなまつりのうた

うれしいひなまつり

サトウハチロー 作詞／河村光陽 作曲

楽しもう！シアター

案・指導／浅野ななみ　製作／つかさみほ
撮影／林均　モデル／石塚かえで

すてきな着物でひなまつり

3〜5歳児

おひなさまとおだいりさまを飾ろうとすると…？
ひなまつりの前後に演じて楽しみましょう。

型紙
作り方
P.47

使う物

おひなさま
①を②の上に重ね、ふわりと手前に折ってクリップで留める

おだいりさま　重ね方
（表）（裏）
箱
もうせん　びょうぶ

＊箱の中におひなさまとおだいりさまを入れて、準備しておきましょう。

おひなさまを出しましょう

1

おひなさまとおだいりさまを入れた箱を出します。
保育者　もうすぐひなまつり。
　　　　さあ箱を開けておひなさまを出しましょう。
　　　　はい、おひなさま！
おひなさまを箱から出して置きます。

2

おひなさまを持ちます。

- **おひなさま** きゃー！ たいへん！ どうしましょう…。
  わたしの着物に穴が開いているわ。
- **保育者** まぁ、なんてことでしょう。
  ねずみさんにかじられちゃったのかしら…。
- **おひなさま** 困ったわ。
  こんな着物じゃ、ひなまつりに出られないわ。

3

- **保育者** 急いで新しい着物に着替えましょう。
- **おひなさま** 新しい着物？ それならかわいくてきれいな着物がいいわ！
- **保育者** これはどうかしら？

1枚目の着物を外し、後ろに回してクリップに留めて、
桃の花模様の着物を見せます。

- **おひなさま** まぁ、すてき！ でも、桃の花は前にも着たことがあるの。
  違う着物も着てみたいわ。
- **保育者** あらあら…。

| おひなさま | キラキラした着物がいいわ。 |
| 保育者 | キラキラした着物？ 待ってて。これはどうかしら？ |

2枚目の着物を外し、後ろに回してクリップに留めて、星模様の着物を見せます。

| おひなさま | きれい！ だけど、まぶしすぎるわ。 |

| 保育者 | 本当ね。それならやっぱりこれだわ！ |

おひなさまを裏返して、ちょうちょう模様の着物を見せます。

| おひなさま | まぁ、すてき！ ちょうちょうの模様で、春が来たみたい！ |

きれいだなぁ

6

おだいりさまを出します。

おだいりさま わぁ！ きれいだなぁ。とってもよく似合うよ！
ぼくも元気が出る着物が着てみたくなったよ。
ぼくにも新しい着物をお願いします。

7

これはどうかしら？

保育者 元気が出る着物？
じゃあ、これはどうかしら？

おだいりさまを裏返して、サッカーボール模様の着物を見せます。

おひなさま まぁ、すてき！ サッカーボールね。
保育者 これで2人そろってひなまつりに出られますね。

8

ひなまつりの歌をうたいましょう！

もうせんを敷いてびょうぶを出し、
おひなさまとおだいりさまを並べます。

保育者 きょうはひなまつりです。新しい着物で
ニコニコ顔のおひなさまが並んでいますよ。
みんなで元気にひなまつりの歌をうたいましょう！

おしまい

「うれしいひなまつり」
（作詞／サトウハチロー　作曲／河村光陽）
をうたいましょう。（30ページに譜面掲載）

35

楽しもう！ゲーム

5〜4歳児

チームで力を合わせよう
だんだん ひなだん！

案／アトリエ自遊楽校 渡辺リカ　イラスト／野田節美

ねらい
おひなさまについて知る機会を得るとともに、友達と協力して遊ぶ楽しさを味わう。

用意する物　おひなさまカード

準備
10人1チームになります。
スタートラインに、カードを裏返して置きます。
ゴール地点に、「五人ばやし」「三人官女」「おだいりさま・おひなさま」のラインを引きます。

遊びに慣れてきたら、制限時間を設けても盛り上がるよ。

遊び方

① 保育者の合図でチーム全員がスタートし、1人1枚ずつおひなさまカードを引きます。

② カードの絵柄に合わせて並び、おひなさまを完成させます。

ポイント
事前に本物のおひなさまを見て、三人官女や五人ばやしなどの配列をみんなで確認しましょう。

おひなさまカードの作り方

B5サイズの厚紙におひなさまを描く（おだいりさま、おひなさま、三人官女、五人ばやしの10枚を用意する）

4〜3歳児 さあ、じゃんけん合戦だ！ よーい どん！で ひなまつり

案／須貝京子　イラスト／みさきゆい

ねらい
チームで協力し合う集団遊びを通して、伝統文化にも触れる。

準備
スタートとゴールのラインを引き、その間に「五人ばやしゾーン」「三人官女ゾーン」「おだいりさまとおひなさまゾーン」を作ります。10人ずつの2チームに分かれ、先攻と後攻を決めます。先攻チームは「おひなさまチーム」になり、それぞれのゾーンに、5人、3人、2人の順に並びます。

遊び方

時間を決めて遊ぼう。何人ぼんぼりになれるかな？

① 後攻チームの子どもたちは、「よーい どん！」の合図で、五人ばやしゾーンのうちの1人→三人官女ゾーンのうちの1人→おだいりさまとおひなさまゾーンのうちの1人と、順番にじゃんけんをしていきます。負けたらスタートに戻って、初めからやり直します。

② おだいりさまかおひなさまに勝ったらゴール。「やったー」の気持ちで、頭の上で両手で丸を作り「ぼんぼり」になります。

ポイント
少ない人数で遊ぶ場合は、「四人ばやし」「二人官女」などとして、人数を調節しましょう。

3〜2歳児

急いで座ってハイチーズ！
2人そろって おひなさま

案／木村 研　イラスト／有栖サチコ

ねらい
走ることと、ごっこ遊びを同時に楽しむ。

用意する物
椅子、ビニールテープ、しゃくと扇（厚紙などで作っても）

準備
椅子を2つ並べ、走るコース（だ円形）をビニールテープで示します。コースの途中や椅子の前に、しゃくと扇を置いておきます。男の子と女の子が、1人ずつスタートラインに立ちます。

遊び方

実際に写真を撮っても盛り上がる！

① 保育者の合図で、2人は左右に分かれて走ります。

② しゃく、または扇を持って、早く座った方の勝ちです。2人とも座ったら、保育者が写真を撮るまねをしましょう。

2〜1歳児

なにが出てくるのかな〜？
おひなさま 出ておいで

案／浅野ななみ　イラスト／坂本直子

ねらい
手先の巧緻性を養うとともに、ひなまつりの雰囲気を楽しむ。

用意する物　おだいりさまとおひなさま

〈準備〉
おだいりさまとおひなさまの上に、短く切ったビニールテープをたくさん貼っておきます。

遊び方

1. おだいりさまとおひなさまを囲んで座り、ビニールテープを剥がします。

2. 全てのビニールテープが剥がれたら、おだいりさまとおひなさまの絵を壁に飾りましょう。

ポイント
ビニールテープの長さは3〜5cmくらいが剥がしやすいようです。難しい場合は保育者が援助して、いろいろな長さにチャレンジしてみましょう。

おだいりさまとおひなさまの作り方

すぐに使えて便利！コピー用型紙集

型紙 P.00

このマークが付いている作品の型紙です。コピーしてご利用ください。

- 山折り
- 谷折り
- 切り取る
- のりしろ
- 切り込み

〈共通項目〉
選べる装身具・花パターン

※掲載作品の冠・扇・しゃく・花は、下のパターンから選んで作れます。
※作品の大きさに合わせて、拡大・縮小コピーをしてください。
※掲載作品の形と完全に一致しない場合もあります。

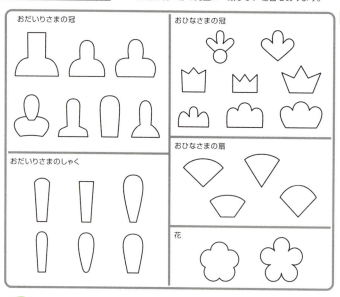

顔

※特に顔の型紙の掲載がない場合に使用してください。
※作品の大きさに合わせて、拡大・縮小コピーをしてください。

おひなさま製作

P.8 振り袖おひなさま

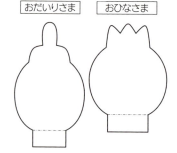
おだいりさま　おひなさま

P.10 染め紙＆ひらひらおひなさま

体

P.10 おはしちゃんおひな

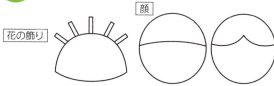
花の飾り　顔

40

P.11 輪っかのつるしびな

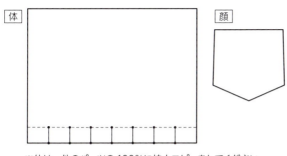

※体は、他のパーツの180%に拡大コピーをしてください。

P.17 野菜スタンプおひな

P.14 マーブル着物のひらひらおひなさま

※小さい花は、縮小コピーをしてください。

※着物は、他のパーツの160%に拡大コピーをしてください。

P.15 千代紙通しびな

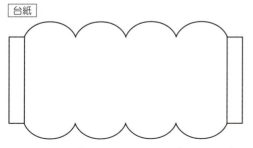

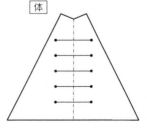

※台紙は、他のパーツの150%に拡大コピーをしてください。

41

P.19 毛糸と千代紙の重ね貼りおひなさま

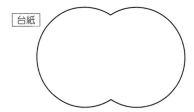

P.20 たんぽのゆらゆらびな

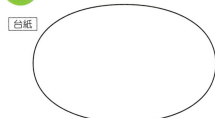

P.21 毛糸スタンプのまん丸おひなさま

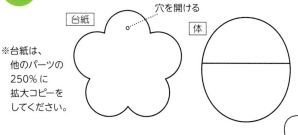

※台紙は、他のパーツの250％に拡大コピーをしてください。

ひなまつりの壁面

P.22 キラキラひなまつり

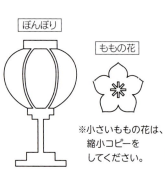

※小さいももの花は、縮小コピーをしてください。

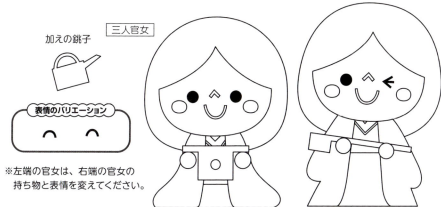

P.23 みんなでひなまつり

P.24 るんるん♪ うたうおひなさま

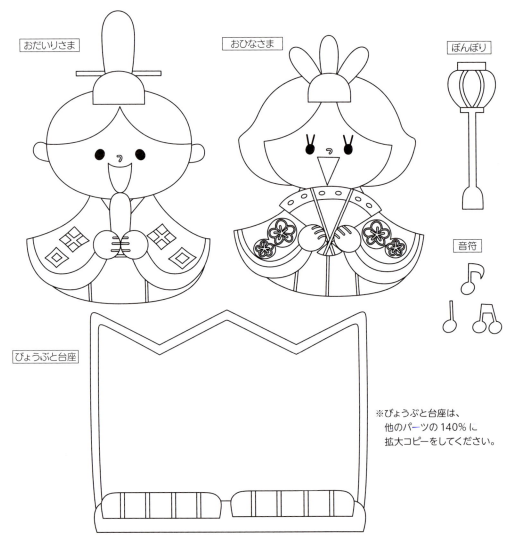

室内飾り

P.25 つるしひな飾り

○ももの花
○すいせん
○まり
○もも
○いちご

3枚作り、半面ずつ貼り合わせて立体にします。

○ひしもち
○うさぎ
○扇
○はまぐり

2枚作り、貼り合わせて平面にします。

P.26 にっこり つるしびな

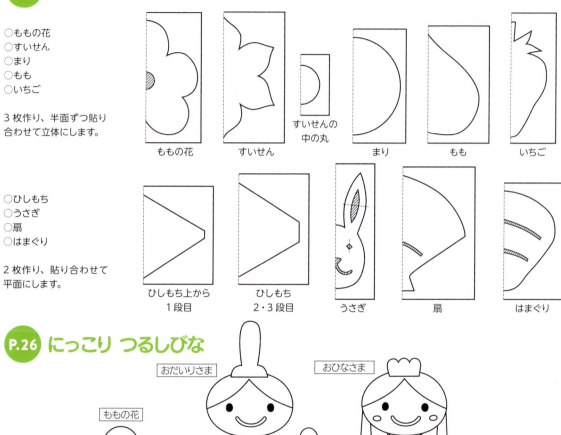

P.27 段ボール板でなりきりパネル

※ 1000%（10倍）に拡大コピーをすると、子どもの身長（100cm）にちょうどよいサイズになります。

P.27 まんまるおひなさま

シアター
P.32〜35 すてきな着物でひなまつり

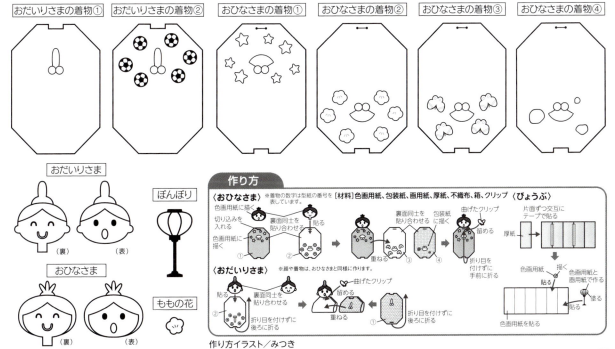

作り方イラスト／みつき

案・製作

あかまあきこ、浅野ななみ、アトリエ自遊楽校 渡辺リカ、イシグロフミカ、うえはらかずよ、おおしだいちこ、尾田芳子、木村 研、くるみれな、坂本直子、ささきさとこ、須貝京子、つかさみほ、西田良子、丸林佐和子、宮地明子、むらかみひとみ、メイプル、もりあみこ、ＹＵＵ、やのちひろ、山下味希恵

カバー・本文デザイン ／ 坂野由香、石橋奈巳（株式会社リナリマ）
イラスト ／ 有栖サチコ、坂本直子、野田節美、ひやまゆみ、みさきゆい、みやれいこ
作り方イラスト・折り図 ／ おおしだいちこ、河合美穂、西田良子、速水えり、みつき
シアターモデル ／ 石塚かえで
キッズモデル協力 ／ 有限会社クレヨン

撮影 ／ 林 均、安田仁志、小山志麻
楽譜浄書 ／ 株式会社クラフトーン
型紙トレース ／ 奏クリエイト、プレーンワークス
本文校正 ／ 有限会社くすのき舎
編集協力 ／ 東條美香
編集 ／ 石山哲郎

Pot ブックス mini　行事アイデアぽけっと

ラブリーひなまつり

2019 年 12 月　初版第 1 刷発行

編　者／ポット編集部　©CHILD HONSHA CO.,LTD.2019
発行人／村野芳雄
編集人／西岡育子
発行所／株式会社チャイルド本社
　　　　〒 112-8512　東京都文京区小石川 5-24-21
電話／03-3813-2141（営業）　03-3813-9445（編集）
振替／00100-4-38410
印刷・製本／共同印刷株式会社
ISBN978-4-8054-0289-4
NDC376　17×19cm　48P　Printed in Japan
日本音楽著作権協会（出）許諾第 1912994-901 号

製本上の針金にご注意ください。
乱丁本・落丁本はお取り替えいたします。
本書の内容の一部あるいは全部を無断で複写複製することは、法律で認められた場合を除き、著作権者及び出版社の権利の侵害となりますので、その場合は予め小社宛て許諾を求めてください。

チャイルド本社のホームページアドレス
https://www.childbook.co.jp/
チャイルドブックや保育図書の情報が盛りだくさん。どうぞご利用ください。

本書の型紙を含むページをコピーして頒布・販売すること、及びインターネット上で公開することは、著作権者及び出版社の権利の侵害となりますので、固くお断りします。